"पंख- Feathers of the Firebird"

Pankhury Tyagi

India | USA | UK

Presentation by *BookLeaf Publishing*

Web: www.bookleafpub.com

E-mail: info@bookleafpub.com

ISBN: 9789363317789

First edition 2024

DEDICATION

This collection of verses travels across the spectrum of life's tremors, but one poem "समझ लो यूँ की ज़लज़ला हूँ मैं" stands as a monument to the man who is both my foundation and my inspiration. To my father, Mr. Yogeshwar Nath Tyagi, for whom this poem is written and to whom it is wholeheartedly dedicated, may these words be a reflection of the strength and love you have imparted.

My father, the original poet of my life whose own verses have been the melody to which my soul learned to sing. Your unwavering support has given me the courage to soar on the wings of imagination. You have cultivated an environment where creativity is nurtured, and dreams are given the space to grow and take flight.

Your unswerving gratitude to the divine, even in the face of life's storms, has taught me the true essence of faith. Your cheerful disposition and the ever-present smile amidst adversity are a testament to the resilience that now flows through my own veins.

In your honor, this book reflects not just the power of words and depth of emotions, but the power of spirit you've instilled in me.

Everything I am and all that I have accomplished through this book is a testament to your love and guidance.

"Thank you for being my mentor, my inspiration, my pillar of strength and my नींव की ईंट.

ACKNOWLEDGEMENT

As I turn the pages of this journey, each word a footprint of my soul, I am enveloped in the warmth of gratitude for those who have been the bedrock of my inspiration.

To my father, Mr. Yogeshwar Nath Tyagi, whose strength and wisdom have been my guiding stars. Your belief in my voice has been the wind beneath the wings of my words, allowing them to soar across the skies of possibility. With every line I write, I find echoes of your support, and in every stanza, there is a trace of your unwavering presence.

To my mother, Mrs. Kamlesh Tyagi, the steadfast lighthouse in the storms of my life, the gentle gardener of my spirit whose unwavering courage and belief in me illuminated the path to my dreams. Your tender care has cultivated the gardens of my imagination.

To my siblings, Sanjhi Di & Shreyas, my first audience and critics, whose laughter and encouragement echo in the rhythm of my verses. Your keen eye for the perfect verse has helped these poems to blossom from mere thoughts to the art that fills these pages. You are not just my siblings but the co-author of my soul's script.

And to my husband, Shubham, the quiet harbor of my heart, whose love is the ink that flows through the quill of my being. Your love is the compass that navigates me through the seas of creativity. Together we navigate life's labyrinth, finding solace in shared secrets and whispered dreams.
This book is as much your triumph as mine and I dedicate these verses to our shared love and encouragement.

To the divine rhythm of the cosmos,
To the destroyer of ignorance and the harbinger of enlightenment Lord Shiva, in whom I place boundless faith, your presence is the eternal source of my inspiration and vigor, illuminating my life's journey with divine resplendence.

"To my friends and every kindred spirit whose interest in my words has been the ink in my pen—thank you."

PREFACE

In the quiet corners of my memory, where echoes of my father's love for shayari still linger, my poetic journey began. His evenings were adorned with the verses of renowned shayars like Waseem Barelvi, Ahmad Faraz, Rahat Indori, Jigar Moradabadi, Munawwar Rana and Kumar Vishwas, their words weaving a tapestry of emotions that enveloped our home. As a child, I sat at his feet, absorbing the cadence of their ghazals, the rhythm of their longing, and the fragrance of their ink.

Poetry, like a secret language, found its way into my soul. It whispered to me in the rustle of leaves, the fragrance of rain-soaked earth, and the ache of unspoken dreams. My heart became a vessel, collecting fragments of beauty and sorrow, weaving them into verses that danced between reality and reverie.

The world unfolded before me—a canvas of colors, textures, and emotions waiting to be captured. I watched the seasons change, witnessed love bloom and wither, and felt the weight of unshed tears. Poetry became my refuge, a sanctuary where I could distill life's complexities into syllables, where every heartbeat found its echoes.

And then, one fine day, I took a pen—a simple instrument of possibility—and dipped it into the inkwell of my soul. The words flowed, unbidden, like a river finding its course. I wrote of love and loss, of courage and fear. Each line was a confession, a revelation of the depths within me.

Since then, poetry has become my companion, my confidante. My journey with words has also been a public one, shared across numerous social platforms where the echo of my voice found a resonance in the hearts of listeners.
The warmth of their applause and the sincerity of their appreciation have been the wind beneath my wings, propelling me to weave more tapestries of verse.
In these verses, you will find fragments of my heart, woven into syllables, waiting to touch yours.

Dear readers, as you embark on this journey through my poetry, know that you hold a piece of my soul. May these words resonate with your own stories, awaken dormant emotions, and

remind you that we are all travelers on this
fragile thread of existence.

With love and ink-stained gratitude,
Pankhury Tyagi

"बुझता दिया नहीं मशाल हूँ मैं"

बुझता दिया नहीं मशाल हूँ मैं
मुझे मिटाने का हौसला हो तो आज़मा के देखना
कागज़ पे बनी तस्वीर नहीं
खून का गहरा रंग 'लाल' हूँ मैं

ना सिसकती दबी चीख ना सब्र-ए-इम्तिहान हूँ मैं
रगों में दौड़ते लहू का खौलता उबाल हूँ मैं

कोई हक़रायदाहि से महरूम कठपुतली नहीं
मैं शोर हूँ, कोहराम हूँ, दहाड़ हूँ मैं

वो मज़लूम नहीं जिसको घेरे हों सियासी फंदे
जो तख्त पलट के रख दे एक ही बाज़ी में
शतरंज की ऐसी गहरी चाल हूँ मैं

मैं किसी हार में सजा नाज़ुक सा फूल नहीं
कलेजा चीरती तलवार की तेज़ धार हूँ मैं

मैं नही मधुर रागिनी, साज़ या तराना कोई
मैं हूँ तांडव शिव का, तबाही का ऐलान हूँ मैं

बुझता दिया नहीं मशाल हूँ मैं।

"समझ लो यूँ की ज़लज़ला हूँ मैं"

समझ लो यूँ की ज़लज़ला हूँ मैं
बस खामोश हूँ गहरे समंदर की तरह
तक़दीर को मेरी क्या देगा कोई शिकस्त
बावजूद ज़ब्र-ए-मुसलसल* मुकम्मल खड़ा हूँ मैं

की हर रोज़ क़त्ल हुआ हूँ खंजर के हमलों से
कभी अपनों की ख़ामोशी से कभी अपनों के लफ्ज़ो से
कुछ गफलत का था नतीजा
कुछ मिज़ाज-ए-तग़ाफुल्ल* है
और रक़ीब सोच बैठे है अनजान-ए-सियासत हूँ मैं

बेशक बना शै *,मैं अपनों के ही हाथों
गर्द-ए-नदामत * की क़फ़स* से बहुत दूर रहा हूँ मैं

यूँ तो तूफानों का मुसाफिर रहा हूँ ता-उम्र
की नशेमन को अपने कभी उजड़ने नहीं दिया मैंने

यूँ तो सैलाब कई आए ज़िंदगी में
मगर ज़िंदगी को सैलाबों का मौहताज होने नहीं दिया
मैंने

फ़तेह ज़िंदगी की जंग को कुछ इस तरह से किया
परवरदिगार की रहमत भूला नहीं कभी और ज़मीर
को अपने मिटने दिया नहीं मैंने।

ज़ब्र-ए-मुसलसल - संघर्षों का सिलसिला
गफलत - लापरवाही
मिज़ाज-ए-तगाफुल - अनदेखा करने का आचरण
शै - वस्तु
गर्द-ए-नदामत - पश्चाताप की धूल
क़फ़स - कारागार/ जेल कैद

"खुली किताब के जैसी लिए वो राज़ गहरे है"

मुझे भी इश्क़ हो गया है शायद उनसे
की यूँही कोई ज़हन में पहरों नहीं रहता

आँखें न जाने कितनी अनकही कहानियां क़ैद हो जिनमें
मासूमियत चेहरे की बिगड़ी नियतें संवार दे जैसे
होठों की नाज़ुकता की मिसाल क्या दूँ अब
पंखुड़ियां हो गुलाब की सी जैसे

कागज़–ए–दिल पे हर्फ़-हर्फ़ लिख जाए
आँखों की सियाही आयत-ए-कलम के जैसे

बंधी ज़ुल्फ़ों में ना जाने कितनी ज़िंदगियाँ क़ैद किए
हो
वही ज़ुल्फ़ खुलकर अगर बिखर जाए तो क़यामत हो
जैसे

धीमी सी मुस्कान उसकी जैसे चहचहाहट चिड़ियों की
लहज़ा आज भी नर्म है उसका, दुनिया की बेरुखी से
अनजान हो जैसे

इक झलक काफ़ी है उसकी रूह तक क़ैद करने को
वो पहली बरसात आने पर चेहरे की ख़ुशी सी हो जैसे

यूँ तो बर्दाश्त कर जाती है दुनिया की तमाम
जालसाज़ियों को
कभी जो बरस पड़े तो पटाखों की दुकान हो जैसे

ना जाने क्यों जी चुराती है दुनिया से मुख़ातिब होने में
अपनी ही एक दुनिया है उसकी, उसी में मशगूल रहती
है

सुना है सूरत से ज़्यादा लोग सीरत के दीवाने हैं उसके
लगता है ज़बान तेज़ है मगर फराख-दिली मशहूर है
उसकी

ज़माने के रिवाजों से ज़रा जुदा है मिज़ाज उसका
उसे सियासत नहीं आती इसलिए परेशान रहती है

सुना है जानवरों से है खासा लगाव उसको
शायद इंसानों के रंग बदलने से डरती है

कभी तितली सी मचलती है कभी उड़ती है पतंग जैसी
की ज़माने की बेड़ियों से आज़ाद हो जैसे

सुना है इश्क़ है उसे बेहद खुदी से
अपनी ही मोहब्बत में मग़रूर रहती है

बयां करती है आँखें कुछ जो ज़ाहिर चेहरे से नहीं होता
खुली किताब के जैसी लिए वो राज़ गहरे है।

"बोलो क्या रोशनी तुम बन पाओगे?"

ऐसे कैसे बच पाओगे
मझधारों में फंस जाओगे
जब कोई पूछेगा शौर्य गाथा तो
बोलो तब क्या बतलाओगे?

कुछ तो अलग दिखाना होगा
अंधेरों को खाना होगा
सूरज शाम में ढल जाए जब
दीपक बन जल जाना होगा

बोलो क्या रोशनी सा जगमगाने के लिए
रोशनी तुम बन पाओगे?
लोग जो फेंकें पत्थर तुम पर
पैर गड़ाकर जम पाओगे?
अरे दलदल हो या आग का दरिया
गर ठान लिया तो पार पाओगे

बोलो क्या फिर मौत से रण में आँख मिला कर मिल
पाओगे?
या फिर इतने कायर हो की डर से पीछे हट जाओगे

तपती गर्मी, आग की लपटें, तुमको हाँ मुरझाना होगा
बोलो क्या मुरझा कर भी तुम हँसकर फिरसे खिल
पाओगे?

जीवन को जीने के लिए, जीवन पर दांव लगाना होगा
शिकस्त मौत को देनी है गर मौत से तो टकराना होगा

संघर्षों से लाख जूझकर जीत को गले लगाओगे ?
या फिर चुनकर सरल जीवन तुम, जीवित होकर भी
मर जाओगे।

"अच्छी बात नहीं"

टूटा है अगर दिल तो क्या हुआ?
सपने मगर बिखर जाएं तो ये अच्छी बात नहीं

उसके होने पे हंसना ना होने पे रोना
अपनी खुशियों को यूँही किसी का मोहताज बनाना
अच्छी बात नहीं

कोशिशें बेहद हों उसे मनाने की लेकिन
यूँ एहतेराम को इतना नीचे गिराना अच्छी बात नहीं

ये क्या तलाशते हो बात-बात पर खुदखुशी के बहाने?
किसी कमज़र्फ के लिए अपना वजूद मिटाना अच्छी
बात नहीं

मैं वाकिफ़ हूँ उस दर्द से जो घर कर चुका है तेरे दिल
में

मगर ज़िंदगी को इतना बोझिल बनाना अच्छी बात
नहीं

माना की था वो सब कुछ तेरे लिए
यूँ उसकी याद में अपने माँ-बाप को भुलाना अच्छी
बात नहीं

भुला के सब कुछ लग जा सवांरने में अपने आप को
कि बस इश्क़ की ख़ातिर तर्ज़-ए-ज़िंदगी को दांव पर
लगाना अच्छी बात नहीं

कोहिनूर है तू आज भी ये जान ले ज़रा
कीमत सही ना लगने पर यूँ पत्थर बन जाना अच्छी
बात नहीं

माना कि की है फ़रियाद बहुत उसे पाने की तूने
न मिले अगर वो तो खुदा से रूठ जाना अच्छी बात
नहीं

तू रो जी भर के, बहा रात भर आंसू
मगर नई सुबह को आँखों की नमी दिखाना अच्छी
बात नहीं

क्यों छाया रहता है ज़हन में बस उसी का नाम
किसी को इतना सर चढ़ाना अच्छी बात नहीं

वो जिसे फ़र्क ही नहीं पड़ता तेरे जीने मरने से
उसके लिए आँखें सुजाना अच्छी बात नहीं

सीने में लिए बैठा है पत्थर वो, जो
उसके सामने इस तरह गिड़गिड़ाना अच्छी बात नहीं

क्यों नहीं रही वो उमंग, वो चमक आँखों में
दोस्तों की महफिलों में जाने से जी चुराना अच्छी बात
नहीं

टूटते है यहाँ ना जाने कितने घर हर रोज़
हौसलों को इतना कमज़ोर बनाना अच्छी बात नहीं

मिला है सब जो ज़रूरी था तुम्हारे लिए
ग़ैर ज़रूरी चीज़ों के लिए तक़दीर पर उंगली उठाना
अच्छी बात नहीं

इश्क़ तो वो है जो खुद चलकर तेरे पास आएगा
यूँ हर किसी से इश्क़ की उम्मीद लगाना अच्छी बात
नहीं

कदर नहीं उसे ज़रा भी तेरी, तो किस बात का है
इंतज़ार
कदम मुड़ जाएँ वहीं पर,
के बे-आबरू हो जाना अच्छी बात नहीं

ये जो कहते हो ना कि मैं जी नहीं सकता उसके बिना
अपने आप को इतना मजबूर बनाना अच्छी बात नहीं

जो मुश्किल है मगर ज़रूरी है बेहद
ऐसा फ़ैसला लेने से हिचकिचाना अच्छी बात नहीं

सवाल अगर हस्ती के मिट जाने का है तो, दख़्ल सिर्फ
दिमाग़ का हो
कि हर बार इस दिल से हार जाना अच्छी बात नहीं

हुज़ूर कुछ तो अपने भी उसूल रखिये ज़िंदगी में
यूँही हर किसी के इशारों की कठपुतली बन जाना
अच्छी बात नहीं

अगर खरीदार सही न मिले इश्क़ का तो
यूँ सर-ए-आम अपनी नुमाइश करवाना अच्छी बात
नहीं

ये जो फिर से मोहब्बत ना करने का दावा करते हो,
एक बात बता दूँ
एक शख़्स की वजह से हर किसी को गुनहगार बनाना
अच्छी बात नहीं

ये जो नफ़रत कर बैठे हो लफ्ज़ 'मोहब्बत' से तो
बतला दूँ तुमको
इसमें था कुसूर "उसका," इल्ज़ाम इश्क़ पर लगाना
अच्छी बात नहीं

शेर अगर घायल भी हो तो दहाड़ना नहीं छोड़ता
यूँ हालातों का शिकार हो जाना अच्छी बात नहीं।

"कितने अच्छे लगते हैं"

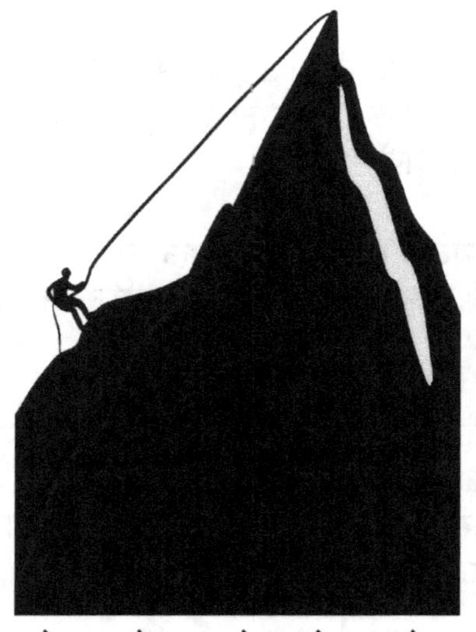

मेहनत करते हुए लोग, आगे बढ़ते हुए लोग
संघर्षों से जूझते हुए लोग, कितने अच्छे लगते हैं

हार ना मानना, मन में जो ठानना
उसे पूरा करते हुए लोग कितने अच्छे लगते हैं

अपने उसूलों पर जीते हुए लोग
धूप में तपते हुए लोग,
कभी ना थकते हुए लोग, कितने अच्छे लगते हैं

आँखों में समंदर लिए, दिल में बवंडर लिए
चुनौतियों को तार-तार करते हुए लोग कितने अच्छे
लगते हैं

मुश्किलों को जेबों में रखते हुए लोग
काँटों को पैरों से कुचलते हुए लोग, कितने अच्छे
लगते हैं

हाथों से अपनी किस्मत बदलते हुए लोग
तपती गर्मी में सोने सा पिघलते हुए लोग
कितने अच्छे लगते हैं

कठिन हालातों में भी न सर झुकाते हुए लोग
अकेले चलने से न घबराते हुए लोग, कितने अच्छे
लगते हैं।

"काश मुझसे भी कोई मोहब्बत करता"

काश मुझसे भी कोई मोहब्बत करता
मिलने-जुलने के मुझसे वो वादे करता
मैं भी घंटो खड़े होकर आईने में खुद को संवारा करती
किसी के नाम से मेरा भी चेहरा खिल उठा करता

यूँ तो अब भी आईने में संवरती हूँ हर रोज़
मगर कोई होता तो संवरने का सबब होता

काश मुझसे भी कोई मोहब्बत करता
मिलने-जुलने के मुझसे वो वादे करता

के रूठ जाया करती जिससे मैं बेवजह
कोई जो मेरी भी तलखनुमाइयाँ सहा करता
वो जो मुझे मनाने को बन जाता आतिफ़
तो कभी बन गुलज़ार मेरे लिए गाने लिखता

बात दिल की जिससे मैं बाँट लेती सब
हाल अपने भी दिल का जो मुझसे बयाँ करता
कभी जो हौसला डगमगा जाता मेरा किसी मोड़ पर
बन रहनुमा मेरा वो मेरे साथ-साथ चलता

सीने से लिपटकर जिसके मैं बहा लेती आंसू
कि तमाम दर्द मेरे इक दिलासे से वो मिस्मार करता
की मोहताज नहीं चंद अल्फ़ाज़ों का जो

उस इश्क़ को ज़ाहिर उसका हर इक अंदाज़ करता।

"ना जाने कितनी और तितलियाँ राख होंगी ?"

ना जाने कितनी और तितलियाँ राख होंगी?
अबके ये आग जो जंगल में लगी है
चुप बैठे हैं मसीहे कोने में घुस कर
ये देख दरिंदगी परवान चढ़ी है

ये खून है या पानी क्यों खौलता नहीं
ज़िंदा लाशों की बस्ती है शायद, कोई बोलता नहीं

अबकी बार ये जो बारिशें हैं बरसाएंगी खून के आंसू
वो जो कुछ तितलियाँ रौनक थी गुलों की
बड़ी बेरहमी से पैरों तले रौंधी गई हैं

ये मोमबतियां हैं, सिर्फ अँधेरा मिटा सकती हैं
जब वक़्त हो दरिंदगी मिटाने का
इतिहास गवाह है तब-तब तलवार चली है

वो चीखें जो दफ़्न कर दी गईं मिट्टी में, वो अब भी
मेरे सीने में गढ़ी हैं
एक बार फिर झांसी की रानी मैदान में अकेले खड़ी है।

"बूढ़ा पेड़"

कांप जाती है रूह सुन कर
दिल जैसे सुबकने लगता है
वो कौन लोग हैं जिन्हें
मां-बाप का साया बोझ लगने लगता है?

उसने बड़े ही लाड़ से कलेजे से लगाए रखा जिसे
वो बेटा आज बूढ़ी मां को अपने से दूर रखता है

सुना है घर में जगह नहीं रही अब पुरानी चीज़ों के
लिए

कोई जाहिल ही हीरे फेंक कर पत्थर इकट्ठा करता है

अब शायद हिस्सा नहीं रहा उस मकान का
वो आंगन में लगा बूढ़ा पेड़ ये सोच कर रो पड़ा
वरना अपनी ही जड़ों को इतनी बेरहमी से नोचा कौन
करता है?

इसी उम्मीद में पूरी ज़िंदगी गुज़ार दी उन बूढ़ी आंखों
ने
सांझ ढलने से पहले परिंदा अपने आशियाने में ज़रूर
लौटा करता है

वो बूढ़ा पेड़ उम्र भर बचाता रहा जिन्हें तेज़ आंधियों से
वो सूख गया आज जब उसने उन पंछियों को ये कहते
सुना
आओ कहीं और आशियां बनाए अब इस सूखे बरगद
में क्या रखा है।

"दिल के बाज़ार में खरीदार बहुत हैं"

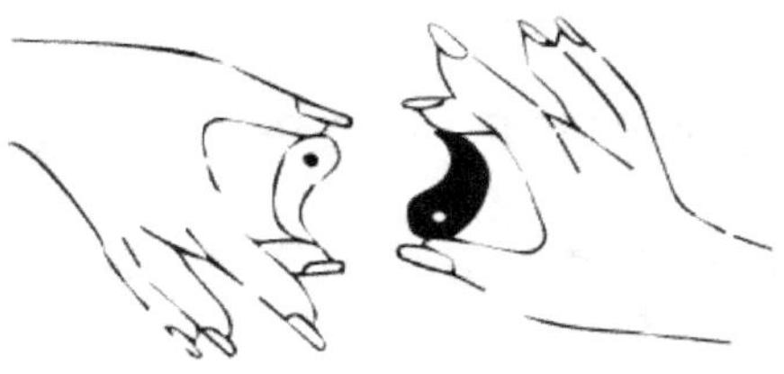

दिल के बाज़ार में खरीदार बहुत हैं
कोई कमबख़्त कदरदान तो नज़र आए

हम भी दिल दे सके बेधड़क किसी को
किसी में मगर वो बात तो नज़र आए

कुछ भी कर गुज़रने का हौसला हो जिसे
कोई, जो उसूलों के लिए ज़माने से टकराता नज़र आए
मुझे

कड़वाहट भरे बैठे हैं दिलों में लोग यहाँ
कोई जो अपनी मुस्कान से दुनिया को बदलता नज़र
आए मुझे

बहुत ग़ुरूर है जिन्हे अपनी हुनरमंदी पर
कोई परिंदा जो उन शिकारियों को औकात दिखाता
नज़र आए मुझे

कि मसरूफ़ है यहाँ सब करने में अपने ही घरों को
रोशन
कोई जो दूसरों के बुझते दीयों को बचाता नज़र आए
मुझे

जकड़ी है ये बस्ती फरेब और ज़ुल्म की हुकूमत से
कोई ईमानदार जो बईमानों को असली चेहरा दिखाता
नज़र आए मुझे।

"लड़कियाँ"

कितना कुछ सह जाती हैं लड़कियाँ
घर में तो होती हैं माँ-बाप की लाडली
घर की चौखट के बाहर आकर कहीं खो जाती हैं
लड़कियाँ

कभी घूंघट, कभी एहसास-ए-कमतरी, कभी बन
बदसुलूकी का शिकार
यूँही घुट-घुट कर मर जाती हैं लड़कियाँ

बंजर धरती में बो दी जाती हैं लड़कियाँ
फिर भी रेगिस्तानों में फूलों सी उग आती हैं लड़कियाँ

कभी बेटी, कभी माँ, कभी बीवी
हर एक किरदार को बखूबी निभाती हैं लड़कियाँ

ज़रूरत पड़ने पर घर का बेटा बन जाती हैं लड़कियाँ
न जाने फिर भी क्यों बोझ समझी जाती हैं लड़कियाँ

अपने सपनों को पूरा करने के लिए दुनिया से लड़
जाती हैं लड़कियाँ
पर बड़ी ज़िम्मेदारियाँ निभा कर भी छोटी पड़ जाती हैं
लड़कियाँ

कागज़ की नाव सी, बारिश के थपेड़े खाकर भी
मुस्कुराती हैं लड़कियाँ
प्यार के नाम पर ज़हर पीती जाती हैं लड़कियाँ

यूँ तो सबके दिलों में उतर जाती हैं लड़कियाँ
करें जो अपने मन की तो आँखों में चुभ जाती हैं
लड़कियाँ

रिश्तों के नाम पर ठगी जाती हैं लड़कियाँ
कभी माँ, कभी बीवी, कभी बेटी, कभी बन बहन
कितना प्यार लुटाती हैं लड़कियाँ
पर जब बारी हो प्यार पाने की तो क्यों इतनी अभागी
बन जाती हैं लड़कियाँ?

घर सवांरने में माहिर होती हैं लड़कियाँ,
सवारें जो ज़िंदगी अपनी तो बुरी बन जाती हैं
लड़कियाँ

चार दीवारी में कैद कर दी जाती हैं लड़कियाँ

चौखट के बाहर की दुनिया से महरूम रह जाती हैं
लड़कियाँ

सींचों जो प्यार से तो लहलहाती हैं लड़कियाँ
वहीं मिले अगर नफ़रत, तो बबूल बन जाती हैं
लड़कियाँ

जिन पर हंसती है ये दुनिया बेबस और लाचार समझ
कर
वही "शिव की शक्ति" कहलाती हैं लड़कियाँ।

"खोल दो पिंजरे"

खोल दो पिंजरे आज़ाद कर दो
ये परिंदे भी हक़दार है उड़ानों के
यूँ क़ैद-ए-क़फ़स में अच्छे नहीं लगते
ये शहंशाह खुले आसमानों के।

"काँटों की फ़ितरत नहीं बदलती"

सींचने से फूलों की तरह भी, काँटों की फ़ितरत नहीं
बदलती
बीत जाती है मुद्दतें, मुकद्दर से लड़ते-लड़ते
चंद लम्हों में यूँ किस्मत नहीं बदलती

ये वक़्त बदला है, या बदले हैं हम
क्यों अब मिट्टी के उन खिलौनों पर तबीयत नहीं
मचलती?

बिखर जाना चाहती है तो बिखर जाने दो इसे
अब हमसे भी ये ज़िंदगी संभाले नहीं संभलती।

"किस्मत"

गर वक़्त दग़ा दे जाए तो बुलंद हौसलें भी कमज़ोर पड़
जाते हैं
बेतहाशा कोशिशों के बावजूद भी, रास्ते नज़र नहीं
आते हैं
कुछ तो किस्मत की भी मेहरबानी है, मान लो साहब
जो रस्सी के टूटने से पहले ही सिल पर निशान पड़
जाते हैं।

"ईमानदारी"

खूब चला बाज़ार तिलिस्म-ए-फरेब का
फिर ईमानदारी ने आकर औकात दिखा दी।

"मसरूफ़ियत"

अखबारों में जीना छोड़ दिया है
इतवारों में जीना छोड़ दिया है
मसरूफ़ियत कुछ यूँ हुई संवारने में ज़िंदगी
कि मैंने ज़िंदगी जीना छोड़ दिया है।

मिश्रित

हँसते चेहरों से दोस्ती तो थी, अपनी मगर,
उदासी में अक्सर खुद को अकेला पाया।

उस कच्चे मकान के पक्के इरादे
मजाल बारिशों की जो उसे गिरादें ?

"आज़माइश"

बोहोत हुई आज़माइश मेरे हौसलों की
अब इम्तिहान तेरे फैसले का है
कहीं हार न जाए अंधेरों से लड़ते-लड़ते
वो चराग, सरपरस्त जो रोशनी का है।

"The more you try to crumble me, the more I will bloom!!!"

I was a princess who wanted to fly
My heart brimmed with dreams and I had
gleaming eyes
Wearing my heart on my sleeves, and keeping
my head high
With my magic stick, I was sure to hit the bull's
eye

Engrossed in zeal heading towards my holy grail
I met a charming prince and it just changed the
tale
He fell for me and I fell for him
Ahh, I jumped into the sea not knowing how to
swim

In no time he became the apple of my eyes
Oh wait… what? He was not a prince???He was
a Monster in disguise
I felt the ground slipping under my feet
And like a weak lamb, I could not help but bleat

My fingers went numb, my eyes filled with tears
I was stupefied for I was stabbed by someone so
dear
I was malleable, I was ductile
He came into my life and I lost my smile

He was good at chess and I was just the pawn
But unluckily with this truth, I was unknown
I was annihilated, I was destroyed
My life just came to an end and I sighed

The fire burned the delicacy in me
I lost my wings because of him
I was caged and my mind was paralyzed
It took me years and then I realized…..
Oh wait!!!

Is this what I am made for?
Am I just an ordinary princess or something
more?
I got the answer so you know what I did?
With might and main and in the fears amid
I threw my fancy gown and put the armor on

To choke till death, certainly, I was not born
I was reincarnated
I was reborn

I am not something you dare to ravage
Believe me, I look fragile but I am super savage
And he mistook my delicacy as a flaw
I am as fierce as a lioness but little did he know

The veil was raised right on time, O Lord!
I have realized it wasn't just a magic stick; I was
carrying my own sword

For I am a combatant not going to bow down
It was the soul of a warrior beneath the fancy
gown

I got to know my true powers and mettle
I have what it needs to triumph such battles
I took out my sword and slew him with
I gave the Monster in disguise the taste of his
own medicine

A warrior, a survivor, a superpower who knows
how to fly
Warn ya…..I am someone who you dare not
destroy

My wounds witness that I have survived all the
gloom and doom
The more you try to crumble me, the more I will
bloom!!!

"Extra-mundane Night"

It was an extra-mundane and snowy night
The street garlanded with dazzling lights
As I walked in my beaded white fairy gown, it
made the darkness go dim
My every single step in a hurry to reach for him

He was standing there for a while
In a perfect black suit with a pleasing smile
He set his intense eyes on me, in a way
His tranquil gaze once again took my heart
away!

My heart beat faster, my mind was still
Thousands of butterflies in my stomach yet
trying to conceal the thrill
I just landed straight into the arms of paradise
He embraced me and oh…..I was mesmerized
I got lost in the fragrance of his perfume

I lifted my toes and he leaned in
The most beautiful chapter of my life was about
to begin
He kissed me and I, like a lump of sugar, melted
in his arms
I knew nothing about this world, for I got lost in
his charm

I can feel the warmth of his hands on my waist
Slept in peace, all my haste !!

"I will be your daughter forevermore"

In the depths of my heart, I hear a whisper
A voice that echoes through the misty hours
It speaks of love and laughter, hope and cheer
Of a time when life was simple and clear

It tells of a father, strong and kind
Whose smile could light up the darkest mind
It recalls the days when we'd talk and play
And how your words would guide me on my
way

I close my eyes and see your face once more
Your eyes that sparkled with a love so pure
I feel your hand upon my head tight
I hear your voice as clear as day or night

I miss you papa, my heart still yearns
For you were more than just a father
You were my strength and my confidant

You showed me how to laugh and how to cry
You taught me how to dream and how to fly
I miss you papa, but I know you're near
For your spirit lives on, in every tear

I'll cherish every memory that I hold
I'll keep your love alive, as I grow old
I'll rise up every day, with courage bold

I'll honor your values, as I journey on
I'll be your daughter forevermore
I'll keep your love alive, as I journey on
I'll be your daughter forevermore !!!

"December"

There is something about "December"
That makes my heart throb
And my eyes shine brighter than the morning
star.

I wonder what could be more ecstatic to witness,
Than the grass glittering with dew
And a month heralding the hopeful
Dawn of something new.